Sudoku Puzzles for Kids

Michael Rios

PUZZLE WRIGHT PRESS

An imprint of Sterling
Publishing Co., Inc.

www.puzzlewright.com

Lot#:
10
01/13

Published by Sterling Publishing Co., Inc.
387 Park Avenue South, New York, NY 10016
© 2006 by Michael Rios
Distributed in Canada by Sterling Publishing
c/o Canadian Manda Group, 165 Dufferin Street
Toronto, Ontario, Canada M6K 3H6
Distributed in the United Kingdom by GMC Distribution Services
Castle Place, 166 High Street, Lewes, East Sussex, England BN7 1XU
Distributed in Australia by Capricorn Link (Australia) Pty. Ltd.
P.O. Box 704, Windsor, NSW 2756, Australia

Sterling ISBN 978-1-4027-3602-5

For information about custom editions, special sales, premium and corporate purchases, please contact Sterling Special Sales Department at 800-805-5489 or specialsales@sterlingpublishing.com.

CONTENTS

INTRODUCTION

To solve sudoku puzzles, all you need to know is this one simple rule:

Fill in the boxes with the numbers 1 to 6 so that every row has each of the six numbers once, every column has each of the six numbers once, and every 2×3 subsection (marked by heavy lines) has each of the six numbers once.

	A	B	C	D	E	F
G	4	2	5			6
H	1		3		5	2
I						
J						
K	2	3		5		4
L	5			2	1	3

And that's all there is to it! Using these simple rules, let's see how far we get on this sample puzzle. (The letters at the top and left edges of the puzzle are for reference only; you won't see them in the regular puzzles.)

For this puzzle, start with the 2×3 subsection covering columns C and D and rows G, H, and I. There isn't yet a 2 placed in this subsection, and there are only four possible locations for it. Now look at the 2 in cell DL. Because there is a 2 in column D, no other 2 can appear in that column. That means that DG, DH, and DI can't be 2. The only cell that can hold the 2 is CI.

Continuing in that subsection, cell DG can't contain any of the numbers 2, 4, 5, or 6 because they already appear in row G. There is already a 3 in that subsection at CH. The only number left, and the one that must go in cell DG, is 1.

Now look at row G. All the numbers are placed except for a 3, and there is only one empty cell in the row. That cell, EG, must contain the 3. In that same subsection, FI can't be the 4 because it's already in column F at FK. EI must be the 4, and because the subsection now contains all the numbers but the 1 and there is only one empty cell left, FI must be the 1.

The puzzle now looks like this. Column F has all the numbers but 5 placed, and there is only one empty cell. FJ must be the 5.

In that same subsection, the 2 and the 6 must be placed in the last two empty cells. Row K

	A	B	C	D	E	F
G	4	2	5	1	3	6
H	1		3		5	2
I			2		4	1
J						
K	2	3		5		4
L	5			2	1	3

already has a 2 at AK, so the 2 must be in EJ. This leaves EK holding the 6.

Row K has only one empty cell in it; it must be the 1 in that row. Now that that 1 is placed, look at row J. There are four possible cells for the 1 in that row. It can't be in AJ because of the 1 in AH, and it can't be in CJ or DJ because of the 1 in CK (in the same subsection). The 1 in row J must be in BJ.

The puzzle now looks like this; the rest of the numbers can be placed quickly. The 4 in AG rules out another 4 in column A at AJ; BL is the only other empty cell in that subsection, so it must contain the 4. This leaves the 6 for AJ.

	A	B	C	D	E	F
G	4	2	5	1	3	6
H	1		3		5	2
I			2		4	1
J		1			2	5
K	2	3	1	5	6	4
L	5			2	1	3

Column A is now missing only one number; the 3 must be in AI.

The 5 at EH prevents another 5 from being placed at BH; the 5 in that subsection must be in BI. The 6 is left in that subsection for BH. Row H must have the 4 in DH, and row I must have the 6 in DI. Column D is missing a 3; it must be at DJ. Row J is missing a 4; it must be at CJ. The last number, missing from column C, row L, and that subsection, must be 6. Look: it's a solved puzzle!

Hint: Look for cells where a particular number is forced to go. Look for numbers that must be placed in a particular cell. Use the numbers you place as hints for other cells in that row, column, or subsection. And most importantly ... have fun!

	A	B	C	D	E	F
G	4	2	5	1	3	6
H	1	6	3	4	5	2
I	3	5	2	6	4	1
J	6	1	4	3	2	5
K	2	3	1	5	6	4
L	5	4	6	2	1	3

The first 55 puzzles in this book are 6×6, like the example above. The final 22 puzzles are 9×9. The rules are the same except that now you need to put the numbers 1 to 9 in every row, column, and subsection.

—Michael Rios

	3		5	4	6
2					
			3		5
5		3			
					4
6	4	5		1	

Answer, page 84

		4		6	
	5			2	4
		2			5
4			1		
5	1			4	
	2		4		

Answer, page 84

4	6	2	5		
					4
			6		2
2		6			
3					
		3	4	2	5

Answer, page 84

6			4	5	2
	4		5		
2					
					5
		1		4	
4	2	5			1

Answer, page 84

5		3			4
4			2		
		1		2	
	3		1		
		2			3
2			3		1

Answer, page 84

			1	2	
1		5	4	3	
	3				
				1	
	1	4	2		5
	5	1			

Answer, page 84

			1		
4	2	6			1
		2			5
2			4		
1			2	5	4
		5			

Answer, page 85

1			3		4
	3	1			
6				1	
	1				5
			5	4	
4		3			2

Answer, page 85

2	5	1		3	
		5	2		
4					
					1
		6	5		
	2		1	6	3

Answer, page 85

3			1	6	
		3	2		1
					3
1					
2		1	5		
	4	2			6

Answer, page 85

2			5		
		3			
4	3		2		5
5		2		3	6
			6		
		4			2

Answer, page 85

	3		6	1	4
			4		
4				6	
	4				3
		4			
6	5	2		4	

Answer, page 85

	6		5	2	1
	5		1	3	
				5	
	2				
	1	2		4	
6	3	5		1	

Answer, page 86

1 4

	2	3			
	3	6			
1	6		5		
		5		3	2
			6	1	
			3	5	

Answer, page 86

			4	6	5
5	1				
	6		3		
		6		4	
				2	6
6	3	4			

Answer, page 86

4			5	6	
				1	
		4	6	3	
	5	3	2		
	4				
	2	6			3

Answer, page 86

1		6	3		
				4	
5	2	4			
			2	6	3
	5				
		3	4		5

Answer, page 86

2			3		
	1				
	6	4	2		3
1		6	5	4	
				3	
		3			1

Answer, page 86

3			5		1
6			3		2
				6	
	3				
2		3			5
5		2			6

Answer, page 87

		4			
5	1		6		
4				1	3
1	5				2
		1		3	5
			5		

Answer, page 87

5		6			
3			5		2
6			3		
		5			6
2		3			5
			6		4

Answer, page 87

			3	2	
		4	5		6
1					4
2					3
5		3	4		
	3	2			

Answer, page 87

4					3
		4			6
6	5			2	
	6			3	2
5			6		
3					5

Answer, page 87

3		6		4	
4					6
		2		3	
	4		2		
2					5
	5		6		4

Answer, page 87

2		3			6
					2
			2	5	3
1	6	2			
5					
3			5		4

Answer, page 88

	3	5			
	6	3	2		
	1		6		
		2		5	
		6	4	2	
			5	6	

Answer, page 88

2		6			
1			5		
6	4		1		
		1		4	6
		5			1
			6		2

Answer, page 88

	4		2		
1		5			4
		3		2	
	5		3		
2			5		3
		2		5	

Answer, page 88

	1		5	4	
5			3		1
3					
					2
1		3			5
	5	2		3	

Answer, page 88

5			4	1	6
2	4		1		
		1		6	5
1	6	5			4

Answer, page 88

2	6	1			
3	5			1	
1					
					1
	3			5	6
			5	2	3

Answer, page 89

2	6		5		
			1	5	
1	5		4		
		4		3	2
	4	1			
		5		1	4

Answer, page 89

4	6	5			3
5				6	
			6		
		1			
	1				4
3			5	1	6

Answer, page 89

5					
		3		6	4
	3	6			2
3			6	4	
2	4		3		
					3

Answer, page 89

3	2				5
			6		
1		2		3	
	3		4		6
		5			
5				1	2

Answer, page 89

1			3		
6	4				5
			4	2	
	6	4			
4				1	3
		3			4

Answer, page 89

1			6		
	6	3			
3		1	5		
		5	1		6
			3	1	
		6			4

Answer, page 90

2					
	5		2	6	1
	1		3		
		1		2	
4	2	3		1	
					5

Answer, page 90

5			3		
				2	
1		5	6	3	
	6	3	5		2
	5				
		6			3

Answer, page 90

5			2	6	3
	1		3	5	2
1	6	3		2	
4	2	5			1

Answer, page 90

4 1

					2
2	3			6	
	5		6	3	
	4	5		2	
	6			5	4
5					

Answer, page 90

		3	5	2	4
				1	
		4			5
1			4		
	2				
3	5	6	2		

Answer, page 90

2	5	3			
		6		2	
1		2			
			2		3
	3		6		
			3	5	1

Answer, page 91

	6	5		4	1
5		4	1		
		1	4		2
4	2		5	1	

Answer, page 91

5	3			4	
	4		3	2	
					1
4					
	1	3		5	
	5			1	4

Answer, page 91

					5
		5	6	4	
			4	6	1
4	3	6			
	6	3	5		
5					

Answer, page 91

		5	6		2
6	5	1	2		
		3	1	2	6
2		6	4		

Answer, page 91

4	3	6			2
	5		3		1
3		1		2	
1			5	6	3

Answer, page 91

	2				
			2		5
5	3			1	2
4	1			2	3
2		1			
				5	

Answer, page 92

		3			1
			5		
4	3	1	2		
		6	4	5	2
		5			
6			3		

Answer, page 92

		5			2
4			2		
1			6	3	
	1	6			4
		2			3
3			5		

Answer, page 92

	6				
	3	6		4	1
2		3			
			3		4
3	2		4	6	
				2	

Answer, page 92

		3	1		4
5			4		6
				3	
	6				
4		5			3
3		4	2		

Answer, page 92

5 4

6	3		4		
2		1	6		4
5		3	2		1
		4		5	2

Answer, page 92

			3		
6	2				3
5		2			1
4			5		2
3				1	4
		1			

Answer, page 93

								7
7		3	1	9			4	
	6		8		4	5	1	
		6						8
1			2		6			4
2						1		
	7	1	5		3		9	
	3			4	9	2		1
6								

Answer, page 93

9			6					
		5			2	6		
	8		5		1	2		
	6	9			4	1		8
1								6
7		2	1			3	4	
		6	2		3		5	
		3	4			8		
					8			2

Answer, page 93

63

			4			5		3
	4			8			7	
2			5			9		
9	3		8	7		2	4	
				3				
	8	4		5	1		3	9
		8			5			1
	6			9			2	
1		7			3			

Answer, page 93

				4		7		6
4	9		5	7		1		
7						5		
				2	5			4
2	6						1	3
1			9	3				
		7						5
		2		1	4		9	8
9		8		5				

Answer, page 93

5	3	1						
					5	1		9
				2	1	4		
	7	3		4	8	5		
6			2		3			4
		5	7	6		8	3	
		2	5	3				
1		6	9					
						6	2	7

Answer, page 93

	2	9						
8	3		6					7
6			9			4	8	3
			3	8		5		
	1	8				3	9	
		3		5	4			
7	4	2			8			9
1					3		6	8
						7	4	

Answer, page 94

6 2

8	1			4			6	
					3			8
		2				4		3
3		8	9		5		7	6
6	7		4		8	1		5
7		4				3		
1			2					
	3			7			5	1

Answer, page 94

68

1				7	9	8		6
					3	4	9	
		6		1				3
		1						7
3			7		1			5
7						2		
5				6		7		
	3	4	8					
8		7	1	3				2

Answer, page 94

	3		8	2				4
	8							9
7		6	9					
		8	4			9	5	
4		2				3		1
	7	5			9	2		
					7	1		2
2							6	
9				4	1		8	

Answer, page 94

4	1		2	3	5			
	5				9			1
					8	9		
3			6			7	2	
	8						4	
	6	5			2			9
		1	7					
6			9				7	
			8	5	3		1	6

Answer, page 94

6				8	2	9		1
						6	2	
	2		9			8		
4				1			9	
8	1			9			3	2
	7			3				4
		5			8		1	
	4	2						
1		8	3	4				7

Answer, page 94

	6	1		8				
2								
3			7	2	4	5		1
	5					4	9	
		7	6		2	3		
	2	9					7	
9		5	3	4	6			8
								3
				1		6	5	

Answer, page 95

6 8

	9			2		3		8
4							2	9
	2	1			7			
	5	2		6				4
8		4				2		3
6				4		8	5	
			4			7	9	
2	4							1
9		7		1			8	

Answer, page 95

9				3				
3			1		2		7	8
	7				6			
	4						8	3
7		3	8	5	4	6		1
6	8						2	
			3				6	
8	5		2		1			4
				6				7

Answer, page 95

	4							
9	5			3				
7			8			1		3
8	2			4	7	5		
	3		5		9		7	
		9	6	2			1	8
3		5			2			6
				6			5	7
							2	

Answer, page 95

5	6		2			3		1
							2	
3		2		9		7	4	5
	1				6	2		
		5				1		
		9	5				3	
1	2	3		6		4		7
	4							
8		6			7		1	3

Answer, page 95

	4							
	5		9		4		8	3
6					2			7
5		3			6			4
2	9						6	8
7			4			9		5
4			7					6
8	7		3		1		2	
							4	

Answer, page 95

7 3

9								8
8	1	3		4	9			
	5			6			4	
5			9			7		
		4	7		2	8		
		9			1			2
	8			9			3	
			6	1		5	8	7
7								1

Answer, page 96

					6			
	4	7	2		9	1		
8	6		4			2	7	
6	3							
1	2			3			6	5
							8	1
	9	1			8		5	4
		6	1		4	8	9	
			6					

Answer, page 96

1					2	6	8	
2		5	7			4		9
	4	8	6		9			
							1	
	5		9		4		6	
	1							
			1		6	8	4	
6		1			5	3		7
	9	4	3					6

Answer, page 96

5	4				2	3		
	6		5	4			7	1
1			7					6
					8		3	
			9		4			
	8		2					
4					1			7
8	7			9	5		1	
		6	3				5	8

Answer, page 96

9								6
	3	8					5	
1	5		2	9		4		
5			6			2	9	8
				8				
8	6	4			2			1
		3		6	5		1	7
	8					6	3	
6								2

Answer, page 96

1

1	3	2	5	4	6
2	5	4	6	3	1
4	6	1	3	2	5
5	1	3	4	6	2
3	2	6	1	5	4
6	4	5	2	1	3

2

2	3	4	5	6	1
6	5	1	3	2	4
1	4	2	6	3	5
4	6	3	1	5	2
5	1	6	2	4	3
3	2	5	4	1	6

3

4	6	2	5	3	1
5	2	1	3	6	4
1	3	4	6	5	2
2	5	6	1	4	3
3	4	5	2	1	6
6	1	3	4	2	5

4

6	1	3	4	5	2
3	4	2	5	1	6
2	5	6	1	3	4
1	3	4	6	2	5
5	6	1	2	4	3
4	2	5	3	6	1

5

5	2	3	6	1	4
4	1	5	2	3	6
3	6	1	4	2	5
6	3	4	1	5	2
1	4	2	5	6	3
2	5	6	3	4	1

6

5	6	3	1	2	4
1	2	5	4	3	6
4	3	2	6	5	1
2	4	6	5	1	3
3	1	4	2	6	5
6	5	1	3	4	2

7

5	3	4	1	2	6
4	2	6	5	3	1
6	1	2	3	4	5
2	5	1	4	6	3
1	6	3	2	5	4
3	4	5	6	1	2

8

1	2	6	3	5	4
5	3	1	4	2	6
6	4	5	2	1	3
2	1	4	6	3	5
3	6	2	5	4	1
4	5	3	1	6	2

9

2	5	1	4	3	6
3	6	5	2	1	4
4	1	3	6	2	5
6	4	2	3	5	1
1	3	6	5	4	2
5	2	4	1	6	3

10

3	2	4	1	6	5
6	5	3	2	4	1
4	1	5	6	2	3
1	3	6	4	5	2
2	6	1	5	3	4
5	4	2	3	1	6

11

2	1	6	5	4	3
6	5	3	4	2	1
4	3	1	2	6	5
5	4	2	1	3	6
3	2	5	6	1	4
1	6	4	3	5	2

12

2	3	5	6	1	4
5	6	1	4	3	2
4	1	3	2	6	5
1	4	6	5	2	3
3	2	4	1	5	6
6	5	2	3	4	1

13

3	6	4	5	2	1
2	5	6	1	3	4
1	4	3	2	5	6
4	2	1	3	6	5
5	1	2	6	4	3
6	3	5	4	1	2

14

4	2	3	1	6	5
5	3	6	2	4	1
1	6	4	5	2	3
6	1	5	4	3	2
3	5	2	6	1	4
2	4	1	3	5	6

15

3	2	1	4	6	5
5	1	2	6	3	4
4	6	5	3	1	2
2	5	6	1	4	3
1	4	3	5	2	6
6	3	4	2	5	1

16

4	3	1	5	6	2
5	6	2	3	1	4
2	1	4	6	3	5
6	5	3	2	4	1
3	4	5	1	2	6
1	2	6	4	5	3

17

1	4	6	3	5	2
6	3	2	5	4	1
5	2	4	1	3	6
4	1	5	2	6	3
3	5	1	6	2	4
2	6	3	4	1	5

18

2	4	1	3	6	5
3	1	5	6	2	4
5	6	4	2	1	3
1	3	6	5	4	2
4	5	2	1	3	6
6	2	3	4	5	1

19

3	2	6	5	4	1
6	1	4	3	5	2
4	5	1	2	6	3
1	3	5	6	2	4
2	6	3	4	1	5
5	4	2	1	3	6

20

2	3	4	1	5	6
5	1	3	6	2	4
4	6	5	2	1	3
1	5	6	3	4	2
6	2	1	4	3	5
3	4	2	5	6	1

21

5	1	6	2	4	3
3	4	1	5	6	2
6	2	4	3	5	1
4	3	5	1	2	6
2	6	3	4	1	5
1	5	2	6	3	4

22

6	4	1	3	2	5
3	2	4	5	1	6
1	5	6	2	3	4
2	6	5	1	4	3
5	1	3	4	6	2
4	3	2	6	5	1

23

4	1	6	2	5	3
2	3	4	5	1	6
6	5	1	3	2	4
1	6	5	4	3	2
5	2	3	6	4	1
3	4	2	1	6	5

24

3	1	6	5	4	2
4	2	1	3	5	6
5	6	2	4	3	1
6	4	5	2	1	3
2	3	4	1	6	5
1	5	3	6	2	4

25

2	5	3	1	4	6
4	3	5	6	1	2
6	1	4	2	5	3
1	6	2	4	3	5
5	4	6	3	2	1
3	2	1	5	6	4

26

2	3	5	1	4	6
4	6	3	2	1	5
5	1	4	6	3	2
6	4	2	3	5	1
1	5	6	4	2	3
3	2	1	5	6	4

27

2	5	6	4	1	3
1	3	2	5	6	4
6	4	3	1	2	5
5	2	1	3	4	6
4	6	5	2	3	1
3	1	4	6	5	2

28

3	4	1	2	6	5
1	2	5	6	3	4
5	6	3	4	2	1
6	5	4	3	1	2
2	1	6	5	4	3
4	3	2	1	5	6

29

2	1	6	5	4	3
5	6	4	3	2	1
3	4	1	2	5	6
4	3	5	6	1	2
1	2	3	4	6	5
6	5	2	1	3	4

30

6	1	3	5	4	2
5	3	2	4	1	6
2	4	6	1	5	3
4	2	1	3	6	5
1	6	5	2	3	4
3	5	4	6	2	1

3 1

2	6	1	4	3	5
3	5	6	2	1	4
1	4	5	3	6	2
5	2	3	6	4	1
4	3	2	1	5	6
6	1	4	5	2	3

3 2

2	6	3	5	4	1
4	3	2	1	5	6
1	5	6	4	2	3
5	1	4	6	3	2
3	4	1	2	6	5
6	2	5	3	1	4

3 3

4	6	5	1	2	3
5	3	4	2	6	1
1	2	3	6	4	5
6	5	1	4	3	2
2	1	6	3	5	4
3	4	2	5	1	6

3 4

5	6	4	2	3	1
1	2	3	5	6	4
4	3	6	1	5	2
3	1	2	6	4	5
2	4	5	3	1	6
6	5	1	4	2	3

3 5

3	2	4	1	6	5
4	5	3	6	2	1
1	6	2	5	3	4
2	3	1	4	5	6
6	1	5	2	4	3
5	4	6	3	1	2

3 6

1	2	5	3	4	6
6	4	1	2	3	5
5	3	6	4	2	1
3	6	4	1	5	2
4	5	2	6	1	3
2	1	3	5	6	4

1	5	2	6	4	3
2	6	3	4	5	1
3	4	1	5	6	2
4	3	5	1	2	6
6	2	4	3	1	5
5	1	6	2	3	4

2	4	6	1	5	3
3	5	4	2	6	1
6	1	5	3	4	2
5	3	1	6	2	4
4	2	3	5	1	6
1	6	2	4	3	5

5	4	2	3	6	1
6	3	4	1	2	5
1	2	5	6	3	4
4	6	3	5	1	2
3	5	1	2	4	6
2	1	6	4	5	3

2	3	6	5	1	4
5	4	1	2	6	3
6	1	4	3	5	2
1	6	3	4	2	5
4	2	5	6	3	1
3	5	2	1	4	6

6	1	3	5	4	2
2	3	4	1	6	5
4	5	2	6	3	1
1	4	5	3	2	6
3	6	1	2	5	4
5	2	6	4	1	3

6	1	3	5	2	4
5	4	2	6	1	3
2	3	4	1	6	5
1	6	5	4	3	2
4	2	1	3	5	6
3	5	6	2	4	1

4 3

2	5	3	4	1	6
3	4	6	1	2	5
1	6	2	5	3	4
4	1	5	2	6	3
5	3	1	6	4	2
6	2	4	3	5	1

4 4

2	6	5	3	4	1
1	4	2	6	3	5
5	3	4	1	2	6
3	5	1	4	6	2
6	1	3	2	5	4
4	2	6	5	1	3

4 5

5	3	1	2	4	6
1	4	6	3	2	5
2	6	4	5	3	1
4	2	5	1	6	3
6	1	3	4	5	2
3	5	2	6	1	4

4 6

6	4	1	3	2	5
1	2	5	6	4	3
3	5	2	4	6	1
4	3	6	1	5	2
2	6	3	5	1	4
5	1	4	2	3	6

4 7

1	2	4	3	6	5
4	3	5	6	1	2
6	5	1	2	3	4
5	4	3	1	2	6
2	1	6	4	5	3
3	6	2	5	4	1

4 8

4	3	6	1	5	2
6	5	2	3	4	1
2	1	5	4	3	6
5	6	3	2	1	4
3	4	1	6	2	5
1	2	4	5	6	3

49

6	2	5	1	3	4
1	4	3	2	6	5
5	3	4	6	1	2
4	1	6	5	2	3
2	5	1	3	4	6
3	6	2	4	5	1

50

5	2	3	6	4	1
1	6	4	5	2	3
4	3	1	2	6	5
3	1	6	4	5	2
2	4	5	1	3	6
6	5	2	3	1	4

51

6	3	5	1	4	2
4	5	3	2	6	1
1	2	4	6	3	5
2	1	6	3	5	4
5	6	2	4	1	3
3	4	1	5	2	6

52

1	6	4	5	3	2
5	3	6	2	4	1
2	4	3	1	5	6
6	5	2	3	1	4
3	2	1	4	6	5
4	1	5	6	2	3

53

6	2	3	1	5	4
5	3	2	4	1	6
1	4	6	5	3	2
2	6	1	3	4	5
4	1	5	6	2	3
3	5	4	2	6	1

54

4	1	5	3	2	6
6	3	2	4	1	5
2	5	1	6	3	4
5	4	3	2	6	1
3	6	4	1	5	2
1	2	6	5	4	3

55

1	4	5	3	2	6
6	2	4	1	5	3
5	3	2	6	4	1
4	1	3	5	6	2
3	5	6	2	1	4
2	6	1	4	3	5

56

5	1	4	3	6	2	9	8	7
7	8	3	1	9	5	6	4	2
9	6	2	8	7	4	5	1	3
3	4	6	9	5	1	7	2	8
1	9	7	2	8	6	3	5	4
2	5	8	4	3	7	1	6	9
4	7	1	5	2	3	8	9	6
8	3	5	6	4	9	2	7	1
6	2	9	7	1	8	4	3	5

57

9	2	1	6	3	7	4	8	5
4	3	5	8	9	2	6	1	7
6	8	7	5	4	1	2	9	3
3	6	9	7	5	4	1	2	8
1	4	8	3	2	9	5	7	6
7	5	2	1	8	6	3	4	9
8	7	6	2	1	3	9	5	4
2	9	3	4	7	5	8	6	1
5	1	4	9	6	8	7	3	2

58

8	7	9	4	1	2	5	6	3
5	4	6	3	8	9	1	7	2
2	1	3	5	6	7	9	8	4
9	3	1	8	7	6	2	4	5
7	5	2	9	3	4	8	1	6
6	8	4	2	5	1	7	3	9
3	2	8	7	4	5	6	9	1
4	6	5	1	9	8	3	2	7
1	9	7	6	2	3	4	5	8

59

8	5	1	2	4	9	7	3	6
4	9	6	5	7	3	1	8	2
7	2	3	8	6	1	5	4	9
3	7	9	1	2	5	8	6	4
2	6	5	4	8	7	9	1	3
1	8	4	9	3	6	2	5	7
6	1	7	3	9	8	4	2	5
5	3	2	7	1	4	6	9	8
9	4	8	6	5	2	3	7	1

60

5	3	1	4	9	7	2	8	6
2	6	4	3	8	5	1	7	9
8	9	7	6	2	1	4	5	3
9	7	3	1	4	8	5	6	2
6	1	8	2	5	3	7	9	4
4	2	5	7	6	9	8	3	1
7	4	2	5	3	6	9	1	8
1	8	6	9	7	2	3	4	5
3	5	9	8	1	4	6	2	7

6 1

4	2	9	8	3	7	6	5	1
8	3	1	6	4	5	9	2	7
6	5	7	9	1	2	4	8	3
2	7	4	3	8	9	5	1	6
5	1	8	7	2	6	3	9	4
9	6	3	1	5	4	8	7	2
7	4	2	5	6	8	1	3	9
1	9	5	4	7	3	2	6	8
3	8	6	2	9	1	7	4	5

6 2

8	1	3	5	4	2	7	6	9
4	6	7	1	9	3	5	2	8
9	5	2	7	8	6	4	1	3
3	4	8	9	1	5	2	7	6
5	2	1	3	6	7	8	9	4
6	7	9	4	2	8	1	3	5
7	9	4	6	5	1	3	8	2
1	8	5	2	3	9	6	4	7
2	3	6	8	7	4	9	5	1

6 3

1	4	3	5	7	9	8	2	6
2	7	5	6	8	3	4	9	1
9	8	6	4	1	2	5	7	3
4	5	1	2	9	6	3	8	7
3	2	8	7	4	1	9	6	5
7	6	9	3	5	8	2	1	4
5	1	2	9	6	4	7	3	8
6	3	4	8	2	7	1	5	9
8	9	7	1	3	5	6	4	2

6 4

5	3	9	8	2	6	7	1	4
1	8	4	7	5	3	6	2	9
7	2	6	9	1	4	8	3	5
3	1	8	4	7	2	9	5	6
4	9	2	6	8	5	3	7	1
6	7	5	1	3	9	2	4	8
8	4	3	5	6	7	1	9	2
2	5	1	3	9	8	4	6	7
9	6	7	2	4	1	5	8	3

6 5

4	1	9	2	3	5	8	6	7
8	5	6	4	7	9	2	3	1
2	7	3	1	6	8	9	5	4
3	9	4	6	8	1	7	2	5
1	8	2	5	9	7	6	4	3
7	6	5	3	4	2	1	8	9
5	4	1	7	2	6	3	9	8
6	3	8	9	1	4	5	7	2
9	2	7	8	5	3	4	1	6

6 6

6	3	7	5	8	2	9	4	1
9	8	4	1	7	3	6	2	5
5	2	1	9	6	4	8	7	3
4	5	3	2	1	6	7	9	8
8	1	6	4	9	7	5	3	2
2	7	9	8	3	5	1	6	4
3	9	5	7	2	8	4	1	6
7	4	2	6	5	1	3	8	9
1	6	8	3	4	9	2	5	7

67

5	6	1	9	8	3	2	4	7
2	7	4	5	6	1	8	3	9
3	9	8	7	2	4	5	6	1
6	5	3	1	7	8	4	9	2
1	4	7	6	9	2	3	8	5
8	2	9	4	3	5	1	7	6
9	1	5	3	4	6	7	2	8
4	8	6	2	5	7	9	1	3
7	3	2	8	1	9	6	5	4

68

5	9	6	1	2	4	3	7	8
4	7	8	6	3	5	1	2	9
3	2	1	9	8	7	5	4	6
7	5	2	8	6	3	9	1	4
8	1	4	5	7	9	2	6	3
6	3	9	2	4	1	8	5	7
1	8	3	4	5	6	7	9	2
2	4	5	7	9	8	6	3	1
9	6	7	3	1	2	4	8	5

69

9	1	8	5	3	7	2	4	6
3	6	4	1	9	2	5	7	8
2	7	5	4	8	6	3	1	9
5	4	1	6	2	9	7	8	3
7	2	3	8	5	4	6	9	1
6	8	9	7	1	3	4	2	5
1	9	7	3	4	5	8	6	2
8	5	6	2	7	1	9	3	4
4	3	2	9	6	8	1	5	7

70

1	4	3	9	7	6	2	8	5
9	5	8	2	3	1	7	6	4
7	6	2	8	5	4	1	9	3
8	2	6	1	4	7	5	3	9
4	3	1	5	8	9	6	7	2
5	7	9	6	2	3	4	1	8
3	9	5	7	1	2	8	4	6
2	1	4	3	6	8	9	5	7
6	8	7	4	9	5	3	2	1

71

5	6	4	2	7	8	3	9	1
7	9	1	3	5	4	6	2	8
3	8	2	6	9	1	7	4	5
4	1	8	7	3	6	2	5	9
2	3	5	8	4	9	1	7	6
6	7	9	5	1	2	8	3	4
1	2	3	9	6	5	4	8	7
9	4	7	1	8	3	5	6	2
8	5	6	4	2	7	9	1	3

72

3	4	7	6	8	5	1	9	2
1	5	2	9	7	4	6	8	3
6	8	9	1	3	2	4	5	7
5	1	3	8	9	6	2	7	4
2	9	4	5	1	7	3	6	8
7	6	8	4	2	3	9	1	5
4	2	1	7	5	9	8	3	6
8	7	6	3	4	1	5	2	9
9	3	5	2	6	8	7	4	1

7 3

9	4	6	3	7	5	1	2	8
8	1	3	2	4	9	6	7	5
2	5	7	1	6	8	9	4	3
5	2	8	9	3	6	7	1	4
1	3	4	7	5	2	8	6	9
6	7	9	4	8	1	3	5	2
4	8	1	5	9	7	2	3	6
3	9	2	6	1	4	5	8	7
7	6	5	8	2	3	4	9	1

7 4

9	1	2	3	7	6	5	4	8
5	4	7	2	8	9	1	3	6
8	6	3	4	1	5	2	7	9
6	3	8	5	4	1	9	2	7
1	2	9	8	3	7	4	6	5
7	5	4	9	6	2	3	8	1
3	9	1	7	2	8	6	5	4
2	7	6	1	5	4	8	9	3
4	8	5	6	9	3	7	1	2

7 5

1	7	9	4	3	2	6	8	5
2	6	5	7	8	1	4	3	9
3	4	8	6	5	9	7	2	1
9	8	6	2	7	3	5	1	4
7	5	3	9	1	4	2	6	8
4	1	2	5	6	8	9	7	3
5	3	7	1	9	6	8	4	2
6	2	1	8	4	5	3	9	7
8	9	4	3	2	7	1	5	6

7 6

5	4	7	6	1	2	3	8	9
3	6	8	5	4	9	2	7	1
1	2	9	7	8	3	5	4	6
6	9	4	1	5	8	7	3	2
2	3	1	9	7	4	8	6	5
7	8	5	2	3	6	1	9	4
4	5	3	8	6	1	9	2	7
8	7	2	4	9	5	6	1	3
9	1	6	3	2	7	4	5	8

7 7

9	4	7	5	3	8	1	2	6
2	3	8	4	1	6	7	5	9
1	5	6	2	9	7	4	8	3
5	7	1	6	4	3	2	9	8
3	9	2	7	8	1	5	6	4
8	6	4	9	5	2	3	7	1
4	2	3	8	6	5	9	1	7
7	8	9	1	2	4	6	3	5
6	1	5	3	7	9	8	4	2